深見東州の言葉シリーズ

深見東州の名言大集合　巻末ギャグ集

深見東州
TOSHU FUKAMI

果報は ニャコろんで待て！

TTJ・たちばな出版

本書は、
株式会社　菱法律・経済・政治研究所（半田晴久＝深見東州所長）の
手帳「Toshu・Business Diary！　2016」に収録された、
深見所長の「今週の言葉」から、
名言とギャグを一部編集して発行いたしました。

果報はニャコろんで待て！

もくじ

カバーデザイン　環境デザイン研究所
本文デザイン　富田ゆうこ
カバー写真　浦川一憲

PART 1

名言大集合

あれこれ迷ったら――

恥も外聞もありません
死んでもやり抜く気迫です
土下座してでも
お願いする熱意です
それが人物金《ひとものかね》を動かす
社長の底力です

バラバラになった頭は
まとめようとせず
バラバラのまま
片っ端からやる
何でもやれる人は

03

いや味を言われたら
いや味で返す人が
いや味な人

いや味を言われたら
笑って返す人に
いや味な人は
なついてくる

芸者です
ホステスです
ホストです
いつでも
だれにでも
無料でやる
社長の接待

くそ度胸よ
お前はどこにいる
ここだ
お前の
死んでもやる心に
いるぞ

女のあれも
男のあれも
本来清らか
妄想する心が
いやらしい

天も見放す
人も見放す
事なかれ主義

ありがたいと思う心
いつまでも
どこまでも
だれにでも

あれこれ迷ったら
最初から
やり直し
全力を尽くすのみ
道開く

頭を下げて
人にたずね
人にわびる
これが
本当の教養
これが
本当の学問

謙《へりくだ》って
たずねたら
だれでも
教えてくれる
何でも
教えてくれる

ベロベロに酔って
楽しいか
楽しいだろう
我を忘れるからね

生《き》まじめに生きて
楽しいか
楽しいだろう
人に好かれ
人に信頼されるからね

お客様の対応は
まごころではありません
まずは作り笑い
次に素早い対応
それから
きっちりした後始末
最後に
お礼の言葉です
それでお客様は

誠実さを感じ
また来てくれます

PART 2

名言大集合

お金のやりくり上手は

お金のやりくり上手は
最後まで諦めません
なんとしても集めます
誰からでも集めます
どこからでも集めます
人や業者を喜ばせながら

17

切れて怒れば三流社長
押さえて怒れば二流社長
芝居で怒れば一流社長

小さな会社の社長さん
社員をなぐるな
机をなぐれ
社員をなじるな
己をなじれ
社員にたよるな
己にたよれ

お部屋はいつもきれいに整然と
ディスプレイは
いつもどこかを雑然と
動いた跡を作りましょう

小さな会社は
いつも人材不足です
ガラクタの集まりです
いつもミスだらけです
いつも尻ぬぐいです
それで黒字にするのが
社長の仕事です

21

新入社員の心得は
特にありません
社長次第
先輩次第です

おそうじより大切なのは
お店の温かい雰囲気です
優しい心でいつも祈る
愛念はみずみずしく
温かい雰囲気をつくります

女子社員は会社の花です
厳しく叱り怒って愚痴ると
会社を滅ぼすトリカブト
明るく励まし盛り上げれば
客を呼び込む胡蝶蘭です

腹が立って怒るのは
いかにも無能です
その時冷静になり
さとすのが
社長の実力です

優秀な社員なんか来ませんよ
来たらやめて行きます
バカな社員は残りますよ
そこしかないので一生懸命です
それが中小企業の宝物です

だらしないやり方には
だらしない社風
魅力的なやり方には
魅力的な社風
すがすがしいやり方には
気持ちいい社風
凝りに凝るやり方には
黄金《こがね》が集まる社風

知らぬことなきほど精通し
詳し過ぎるほど詳しく調べあげ
誰にでもわかり易く説明できたら
人が集まる専門家
お金が取れる専門家

PART 3

名言大集合

成功も失敗も自分の糧になる

どんな面倒なことでも
面倒がらず
何歳までやり続けられるか
それが
経営者の本当の実力です

忍耐よりも粘りが大事です
粘りよりも根気が大事です
それが
並のレベルを超えた分
純利益となって残ります

30

悪銭は身につきません
汗と涙と屈辱で
骨を折り腰を折り
頭を下げて
ようやく残る銭が
身につきます

また今度と言って
チャンスが来るわけないよ
今しかない
今日しかない
明日にかける
自分の決断しかないのだ

欲深く
プライド高く
焦るから
だまされる
無欲で
謙虚で
じっくりやれば
だまされることはない

総合力で勝て
一つや二つ負けてもよい
総合力で勝てばよい
その気迫
そのゆとり
その締めくくる粘りで勝つ

やられたら
やり返せばいい
自分を成長させて
やり返せばいい
強いライバルのおかげで
今より強くなれる
ライバルのおかげで
ライバルより強くなれる

空しいことが百回あって
黄金《おうごん》が一つ手に入る
チャレンジとは
その割合で実るもの
怠りの人は
そこがわかっていない

やったらやっただけ
成功も失敗も
自分の糧になる
やろうとしないのが最も悪い
もっとやれ
立ち上がって
もっとやれ
成功や失敗は
みんな自分の糧なのだ

朝起きて発願し
日中に行動し
寝る時に反省しよう
それが
一日一日の成長である

苦しい時はポーカーフェイス
不安な時はポーカーフェイス
いやな時はポーカーフェイス
腹立つ時はポーカーフェイス
恐い時はポーカーフェイス
楽しい時はそのままの顔

揺るぎない体験が備わるまで
泰然自若の経営者には

とりあえず
ポーカーフェイスでなれるもの
己の腹を顔に出すなかれ

もてますもてます
女や男に
誰もがなつき
誰もが惚れる
それが本当の経営者です
男でも女でも

40

負うた子に
教えられたと言うが
顧客の声に
教えられるのが
経営者である

PART 4

名言大集合

運が向き
金運が来ます

死ぬほどつらくて
自殺したくなる時は
自分が少し
進歩した時である

自殺したいと思うのは
ないものねだりをして
思い詰めてる時です
人が羨《うらや》む恵まれた所
人にない優れた所を
思い出しましょう
おのずから感謝と
知足安分の
幸せがやってきます

頑張るのは
それから先です

自殺するなよ
自殺すると死んでしまうよ
死んでしまうと
命がなくなるよ
命がなくなると
目が覚めなくなるよ
早く目を覚ましなさい
希望に生きて
生きていたら

いい事がいっぱい
やって来ますよ
おいしいものが
いっぱい食えますよ
楽しいことが
いっぱいやってきます
有意義なことが
いっぱいやれます
それが希望です

会社が倒産しても
殺されるわけじゃないです
死ぬほどのことでもない
恥かいて
ぼろくそに言われ
頭を下げて
ボチボチ払うか
お詫びを続けるだけです
その中でも

誠意を見せて
健康であり
やる気があれば
会社は再建できる
信頼も蘇ります
その腹さえくくれば
倒産に
おびえることはないのです
喝！

45

いつもニコニコし
いつも相手を褒め讃え
いつも励ましていたら
福がやってくる

いつも約束を守り、
いつも後始末をきっちりやり
いつも積極的にお願いし
頭を下げていたら
富がやってくる

いつも感謝し
いつも相手を思いやり
いつも相手の幸せを
祈っていたら
幸せがやってくる

いつも明るく前向きに
いつも顧客数を増やし
いつも筆まめで
いつも口まめで
いつも足まめなら
売り上げは
どんどんやって来る

人気の出る会社は
マーケティングや
顧客のニーズより
お客を喜ばせることを
いつも考え
いつも実行している

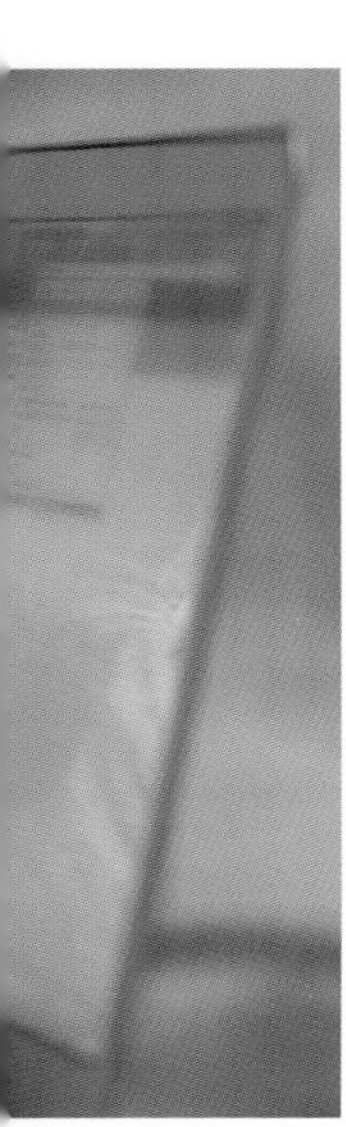

会社を
黒字にする方法は簡単
赤字の要因を一つ一つ
つぶして行けばよい
一つ一つ徹底的に

51

いらいらすると
運が逃げますよ
未来の成功を信じると
運が向きますよ
社員と顧客を
大切にすると
金運が来ますよ
自分の健康と

やる気を大切にすると
運が続きますよ
失敗を恐れず
自分の怠りを恐れたら
悪運が逃げますよ
喜びを口に出せば
幸運がやって来ますよ
ほらすぐそこに
もうやって来た

平凡な人から
多くを学び
非凡な人に
なれるのです

ギャグ大爆発!!

ステーキな大学に入りたい！
暗記なんてまっピラフ！

辛抱ばかりしている人が
祈る星は、
――かんにん座

A「太陽電池で
空を飛ぶ飛行機が
できたんだってね」

B「ソウラすごい」

そこの怪獣よ～
今何時？
――ゴジ(５時)ラ

最低のことを考える帝は、
思《し》考《こう》低《てい》と言う

猿も木から
落ち着きない

本当は、
３月ついったーちから、
ツイッターを
始めるつもりでした

英語がデキン原人！
暗記で苦労マニヨン人！

A「画商の方が正月に
　挨拶に来られました」

B「賀正」

頑固な汚れは
お座《ザ》布《ブ》

おなら印のエアーポット、『押すだ屁』

あはれ僕のパンツ
ああはかない運命

お先枕の人生

八百屋さんの
おっさんよ…
今何時？
――ニンジン

世界中の警察官が
探している虫がいます
――信号ムシ

京都にて
「虫の声を聞きながら、
私すずむし」

穴があったら
入る鯛

天空の城
ピタピタ占い

ふーけーば
飛ぶような
風景画

おーいウルトラマン、
あんたも年取ったねー！
――シワッ

おーいウルトラマン、
そろそろ風呂入るかあ！
――シャワッー

オーイ！　ウルトラマン
仏教があぶない
――シャカ！

おーいウルトラマン、
超古代からここにいるんかー？
――『ジュラッ紀』

ニューヨークに
キングこんぶ現わる

甲状腺
ホルモン焼き

俳句作りに
四句八句する

風の谷の
医科歯科

私「今日は何日だ？」
S「今日は七日です」
私「そうなのか」

「今日は何曜日」
「火曜日です」
「本当にそう火曜」

A「ビールを100本飲め、
って言われたらどうする？」
B「ビンビーるなあ」

無伴奏で歌う人が
好きな星座は、
――ア・カペラ

雨乞いの祈り
A「雨が降りますように」
B「アーメン」

東風《こち》吹かば、
あっちにも吹け
梅の花

そこの人、
デザート食べて
何をシャーベッとる

A「私の具象画が
　雨に濡れました」

B「ぐしょぐしょ」

A「私の抽象画が非難されました」

B「中傷か」

このゴミ、
ズボン下とともに
ステテコ

後頭無毛の透明人間

変わった
魚の食べ方に
ギョッとする

山でりんごを食べても
山梨県

中途はんぺんな
日本食

無線飲食のタクシードライバー

鶏《にわとり》国《こく》のお祝い
セレモニーの
国慶《こっけい》ここです

ゴディッバな
チョコですね

ヤギが
繁殖する時期は
いつでしょうか
——Ｍａｙ

ヤギの魅力はどこに
あるのでしょうか
——目ェ〜

タバコを吸う蛇は、
ヘビースモーカー

あさはか見附

またとない
東京都内

年を取ったら
チホウ症になるから、
方言でしゃべるように
なるんだ

遠くて近きは
男女の遠近両用メガネ

怪盗欄間《らんま》を
断ちて忍び込む

洗濯機
ドライドチキン

頭痛が
少しずつうう
よくなる

日本で一番茶道が
盛んな地域は？
――さどうヶ島

見て見ぬふりを
する神さまは、
――みつみねー神社

大阪に行って
ユンケル
こうてー

夏の帽子の
上に輝く星は？
——麦わらぼし

ローマ教皇が
いつも祈ってる星は
——ほうおう座

自暴自棄になった人が
好きな星は、
——やけ座星雲

水と油の人が
仲良くするときに祈る星は、
――マゼラン星雲

全身の激痛を
とめてくれる星は、
――いて一座

南極の犬たちが
好きな星は、
――さーそりだ星雲

猫がフンをして
乾燥したような星は
――ウンコロメダ星

腹巻をとって仰向けで
見上げた星は、
──バラ星雲

空手好きな人が見る星は
──ツキ

天網《てんもう》かいかい、
背中もかいかい

竹がささって
チクチクする

頭掻《とうかい》ぞ
五十三突き

忙しくて
おならをしてる
屁間もない

何でも
おできになる人は、
まずうみ出しから始まる

おい、
ウルトラマン、
この服ぐちゃぐちゃだ
――シワッ

魚屋の
おっさんが…
見物した
――ミルガイ

S「先生は偉大ですね」
私「そう胃大でね、
　胃拡張なんだよ」

「そもさんか、
猫のとなえるお経とは」
「にゃんにゃ心経」

エロインピツで
裸婦を描く

おしぼり夫婦

炎上交際

おならの出る人が好きな星は、
――もうくせー

人のことを干渉しない人が好きな星は、
――ほっとくせい

ごはん好きな人が好きな星は、
――おひつで座星雲

絵描きさんが好きな星は、
――すいせー

土木工事の方が好きな星は、
――てんびん座

風邪から
守ってくれる神さまは、
——はくちゃん神社の女神

GAG paradise GAG paradise GAG paradi

この車、
胡椒ばかりで
生姜《しょうが》ないな

おめえは紅茶、
カフェおれ

船の上で食べるなら、
焼いた肉より
タイタニク

山海の
チンミ魍魎《もうりょう》

四体の仏さん、
何してんのう

果物屋のおっさんが…
下痢をした
——ピーチ ピーチ

これを読むと、誰でも
警察官になりたくなる哲学書
——デカルト

何でもはいはいって
言うから、はい筋が痛くて

嘘ツイッターら
いかん

鶏丼となるも
牛丼となるなかれ

世界を
サルマータにかけて
フェルマータで
生きている

軽食を食べて
今から出発だ!!
ピザ！ 進めー!!

お年寄りの
女性がつけると
シワーサロンパス

お風呂場でつけると、
エアーサロンバス

美容院でつけると
ヘヤーサロンパス

スタッフ「先生、今度はぜひ
ジャズを歌って下さい」
私「ジャズ・ア・モーメント」

ハウス婆《ばあ》待っとる
カレー

チャンバラトリを
つとめる新国劇　（吉本興業）

締切間近の下痢を
「ぎりぎりのげりげり」と言う

白菜食べたら、
歯に残って、
歯ー臭い

キスしたら、
それ以上いかない
チューと挫折因縁

おならをして
出てくるのは、
屁リウムです

邪気を
食べてしまう星は、
──くーじゃき座星雲

ミッキーは
退場したままで、
終ワルト出ズニーでした

GAG paradise GAG paradise GAG paradise

おなかが痛い時に
祈る神さまは、
——祓いたの大神

顔は天使で、
身はカエル
——ミカエル天使

くたびれて
自立神経がじりつして
神経痛になる

押してだめなら
屁ってみな

お客様の
五万足の靴は
こちらですか？

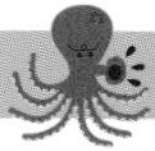

コネがなくても
入れる城は
——否《ヒ》コネ城

年とったおばあさんに
ついてまわる星は？
——うめぼし

欲深い人に
ついてまわる星は？
——ものほしー

「湖面を
濁してしまって、
コメンなさい」

おしっこ猶予の
判決

雪は降る
あなたは口内炎（シャンソン歌手）

金田一強助平な男

深見東州氏の活動についてのお問い合わせは、下記までお願いいたします。
また、無料パンフレット（郵送料も無料）が請求できます。ご利用ください。

お問い合わせ　フリーダイヤル
0120 - 507 - 837

◎ワールドメイト

東京本部	TEL 03-3247-6781
関西本部	TEL 0797-31-5662
札幌	TEL 011-864-9522
仙台	TEL 022-722-8671
東京（新宿）	TEL 03-5321-6861
名古屋	TEL 052-973-9078
岐阜	TEL 058-212-3061
大阪（心斎橋）	TEL 06-6241-8113
大阪（森の宮）	TEL 06-6966-9818
高松	TEL 087-831-4131
福岡	TEL 092-474-0208

◎ホームページ
https://www.worldmate.or.jp

深見東州
(ふかみ とうしゅう)
プロフィール

本名、半田晴久。別名 戸渡阿見《ととあみ》。1951年に、甲子園球場近くで生まれる。㈱菱法律・経済・政治研究所所長。宗教法人ワールドメイト責任役員代表。

著作は、191万部を突破した『強運』をはじめ、ビジネス書や画集、文芸書やネアカ・スピリチュアル本を含め、320冊を越える。CDは112本、DVDは45本、書画は3687点。テレビやラジオの、コメンテーターとしても知られる。

その他、スポーツ、芸術、福祉、宗教、文芸、経営、教育、サミット開催など、活動は多岐にわたる。それで、「現代のルネッサンスマン」と呼ばれる。しかし、これらの活動目的は、「人々を幸せにし、より良くし、社会をより良くする」ことである。それ以外になく、それを死ぬまで続けるだけである。

海外では、「相撲以外は何でもできる日本人」と、紹介される事がある。しかし、本人は「明るく、楽しく、面白い日本人」でいいと思っている。

(2024年8月現在)

深見東州の言葉シリーズ
果報はニャコろんで待て！

2021年９月30日　初版第一刷発行
2024年10月20日　　　第四刷発行

著　者　深見東州
発行人　杉田百帆
発行所　株式会社　TTJ・たちばな出版
〒167-0053
東京都杉並区西荻南二丁目二十番九号　たちばな出版ビル
電話　03-5941-2341（代）
FAX　03-5941-2348
ホームページ https://www.tachibana-inc.co.jp/
印刷・製本　萩原印刷株式会社

ISBN978-4-8133-2602-1